Jean D'ALLEMAGNE

Au Pays de la Reine Candace

BLOUD & Cie

AU PAYS

DE LA REINE CANDACE

Jean D'ALLEMAGNE

Au Pays
de la Reine Candace

Lettre-Préface

de M. Albert Le Boulicaut

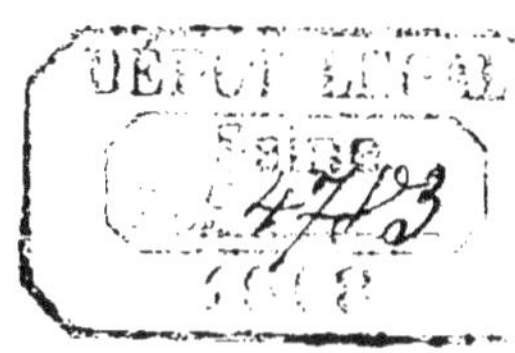

PARIS

BLOUD et Cⁱᵉ, Éditeurs

7, PLACE SAINT-SULPICE, 7

1909

A ma Mère.

LETTRE-PRÉFACE

Mon cher Ami,

Au pays de la Reine Candace! *Serait-ce le récit d'un voyage fait, en rêve, à travers quelque monde irréel?*

On le pourrait croire : votre titre sonne comme La Belle au Bois dormant.

Prometteur de merveilleux, il éveille, au fond de l'âme, des souvenirs de féeries.

Et ces souvenirs-là conservent bien long-temps leur puissance sur les hommes.

Alors même que nous avons perdu la foi naïve de l'enfance, nous nous surprenons encore, tendant l'oreille du cœur vers les voix invisibles qu'on entend, dans les bois, lorsque chantent les feuilles sous la caresse des brises.

Voix consolatrices de la divine Illusion!...

Avec un peu d'histoire, tout s'envole. Plus de fées, en robes d'argent et d'or, apparaissant au clair de lune.

De la réalité seulement; et combien triste!

Car il existe, le pays de la Reine *ou mieux des reines* Candace.

Ce nom, d'après Pline, *désignait indistinctement toutes les souveraines d'Éthiopie.*

On disait de même Pharaon, *en Égypte. Que nous adoptions, avec toutes les réserves d'usage, l'opinion de* Pline, *ou que nous la rejetions, peu importe. Une seule chose nous intéresse, à savoir si le royaume d'Éthiopie que vous avez parcouru, était heureux et prospère sous les Candaces. Si nous en croyons Strabon, Bion et Pline le Jeune, il n'en faut pas douter.*

Les « Actes des Apôtres » qui mentionnent un eunuque, trésorier d'une reine Candace, et que l'apôtre Philippe convertit, nous laissent également penser — par induction — que le royaume était prospère.

Mais que de ruines, depuis ces jours lointains où les empereurs de Rome, comme

Néron, envoyaient des missions scientifiques au pays des Candaces !

Les dieux de l'Égypte avaient cédé la place au christianisme.

La révolution s'était faite doucement, sans deuils.

Vinrent les invasions arabes.

Le Croissant victorieux se substitua à la Croix.

Les « Mahdis » montèrent sur le trône des « Candaces ».

La désolation succéda au bien-être.

Au souffle desséchant d'une doctrine religieuse mal interprétée, les volontés s'annihilèrent, la civilisation s'arrêta. Le sol ne produisit plus, faute d'être cultivé. Il tombait trop de têtes sous le glaive des croyants !

A force de convertir au Koôran, par la manière que l'on sait, les pauvres Éthiopiens, on fit du Soudan le désert inculte que les Anglais occupent aujourd'hui.

Ils s'efforcent de lui rendre son ancienne prospérité.

Il est indubitable qu'ils y parviendront.

A moins, toutefois, que les événements d'Europe se précipitant, il ne leur soit laissé ni la possibilité, ni le loisir de réaliser leurs projets.....

Vos enthousiasmes pour la domination anglaise sont grands. Vous adoptez, en cela, les vues de notre savant ami Albert Deiber. C'est lui qui vous guida dans ce voyage. C'est lui qui vous incita à faire paraître cette plaquette. Vous y développez des idées qui vous sont chères également.

Je serais complètement de votre avis à tous deux si les Anglais n'opprimaient des pays qui furent nôtres, d'abord, et qui, maintenant, réclament leur autonomie sous l'autorité de leur souverain légitime.

Vous souvient-il, mon cher ami, de nos discussions d'antan?

C'était à Suez. Vous étiez venus m'y joindre. Nous devions nous embarquer pour Port-Soudan... Le Kosséïr de la « Khédivial Mail Line » vous emporta seuls.

Par un soir féerique d'Orient, à l'heure

où les muezzins chantent pour la dernière prière de la journée, je vous conduisis, à travers les petites rues de la ville dont les boutiques avaient allumé leurs gigantesques lanternes en papier peint, aux docks où votre navire était sous pression.

Je ne devais plus vous revoir qu'à Paris.

Mais que d'idées émises, discutées, durant les quelques jours qui précédèrent votre embarquement!

L'Égypte, le Soudan, l'occupation anglaise, le nationalisme égyptien, l'influence française — décroissante, hélas! — la religion et le fanatisme musulmans, l'Égyptologie — philologie et histoire — firent le sujet de nos conversations.

Nous étions rarement de même opinion.

A qui l'avenir donnera-t-il raison, à qui donnera-t-il tort?

Pour ma part j'ai foi en la très prochaine indépendance du peuple égyptien.

Que fera-t-il de sa liberté?

Bien conseillé, il vivra en bons termes avec les Européens de toutes nations.

S'il suivait les inspirations d'un fanatisme suranné et sauvage, il serait perdu.

Il retomberait — et cette fois pour n'en jamais sortir — dans le plus dur esclavage. On le verrait regretter les Anglais...

.   .   .   .

Si j'avais écrit Au pays de la Reine Candace, *j'aurais fait effort pour reconstituer une époque disparue où, parmi la rosée du matin, les reines, en robe blanche, s'en allaient baigner dans le Nil avec les jeunes filles du palais.*

Nous connaissons peu de choses de ces temps reculés ; l'histoire d'Éthiopie est à faire.

La reconstitution eût donc été de l'hypothèse, très poétique sans doute, mais enfin, de l'hypothèse.

Et vous avez préféré faire œuvre d'historien.

C'est vous, très probablement, qui êtes dans le vrai ; les poètes, hélas ! sont gens qu'on néglige. On ne les lit plus.

Comme on ne lit pas davantage les pré-

faces, les plus courtes paraissent les meilleures...

La mienne, déjà, n'est-elle pas trop longue?

Albert LE BOULICAUT.

Nancy, ce 21 Juillet 1908.

Au Pays de la Reine Candace

« Et voici : un Éthiopien, un eunuque, ministre de Candace,
reine d'Éthiopie, et surintendant de tous ses trésors, venu
à Jérusalem pour adorer, s'en
retournait assis sur son char. »

(*Act. des Ap.*, VIII, 27.)

Une grande solitude s'étendait sur la route
par laquelle nous franchissions les derniers
contreforts des monts de Judas. Juchés sur de
petits chevaux qui trottaient d'un pas toujours
régulier et dont la cadence nous portait à la
tristesse, nous étions songeurs. Un sentiment
de mélancolie profonde semblait imprégner
toute la contrée environnante : partout des
rochers granitiques jetés pêle-mêle et de couleur noire mate, comme pour mieux conserver
la chaleur des rayons brûlants du soleil. On
aurait dit vraiment que nous nous trouvions
aux alentours de quelque volcan éteint que la
nature eût fait surgir à cet endroit pour semer

près de lui la désolation et la mort. Çà et là des oliviers au tronc noueux et tordu, au feuillage très bas recouvert de poussière, paraissaient se succéder à intervalles réguliers dans le but de ne pas rompre la monotonie du monotone paysage. Cependant un petit groupe de bédouins montés sur leurs dromadaires nous croisait de temps en temps. Ces hommes au teint bronzé et de si belle stature fredonnaient à mi-voix une chanson arabe, afin, semblait-il, de ne pas troubler le grand silence de la nature; parfois, c'était une complainte charmante et naïve, parfois une romance religieuse. Ils allaient à Jérusalem, sans doute, tandis que nous nous rendions d'un autre côté, à Hébron, la patrie des anciens patriarches de la Bible. L'antique ville d'Arba nous attirait en effet pour plusieurs raisons.

Située à une trentaine de kilomètres au sud de Jérusalem, elle est pleine des souvenirs de l'antiquité. Dans la vallée où elle fut fondée, les vieillards racontaient autrefois que Caïn y tua son frère Abel et qu'un bois du nom de Mamré y avait servi d'abri à Abraham. Une des cités les plus antiques du globe, Hébron, El Khalil ou La Sainte, avait subi de nom-

breuses vicissitudes à travers les siècles. C'était
là, dans l'enceinte du fameux « Haram »,
qu'était abritée sa mosquée, la « caverne double
du champ qui regarde Mamré », selon les pa-
roles mêmes de la Genèse, et que se trouvaient
les tombeaux d'Abraham, de sa femme Sarah,
de Lia, du patriarche Isaac, de Rébecca, du
patriarche Joseph et de Jacob. Les dépouilles
mortelles de ces ancêtres sont entourées d'une
farouche vénération par les musulmans de
l'endroit. Ne sont-ils pas, en effet, les fonda-
teurs de la race, les premiers adorateurs du
vrai Dieu, ceux qui, les premiers, ont cru en
l'existence d'un seul maître qu'ils ont adoré ?
Hébron avait joué un rôle considérable dans
l'histoire du peuple d'Israël : c'est là que
David se fit couronner roi et qu'il établit sa
résidence, là qu'eut lieu l'assassinat d'Abner,
là encore qu'Absalon, révolté contre son père,
établit son quartier général. Enfin, dans son
état actuel, combien curieuse n'est pas cette
ville et comme ses maisons construites en
pierre et avec des toits très plats se distin-
guent de celles des autres localités par leurs
fenêtres qui sont triangulaires ! Constituées
par une sorte de mur épais à peine de quelques

2

centimètres et percées de nombreux trous d'un diamètre assez fort, accolés les uns aux autres et formant pour ainsi dire un treillage, elles donnent aux constructions un caractère tout à fait original. L'étranger qui les voit pour la première fois en ressent tout d'abord une certaine surprise. Nous étions donc très désireux de visiter cette cité jadis si fameuse.

Je songeais à ces choses tout en conduisant ma monture sur la route poussiéreuse que nous suivions. Une source située à quelque distance de Bethléem et qui coupe le trajet attira soudain mon attention et me fit sortir de ma rêverie. Nous nous arrêtons pendant quelques instants pour jouir de la délicieuse fraîcheur qui s'en dégage. L'eau claire et transparente sourd de terre sous un rocher gris couvert d'un peu de mousse et de lichen, coule pendant plusieurs mètres au milieu de grosses pierres qui canalisent son lit, puis finit par former une fontaine. Des femmes du pays y viennent de temps en temps remplir des vases qu'elles portent sur leurs têtes. Une sorte de mur taillé à pans droits semble protéger l'humble cours d'eau. Tout à côté une vague indication de ruines, quelques fûts de colonnes brisées, des

Les Bords du Jourdain

restes de fondations d'église, sur la colline voisine enfin, une tour en partie ruinée attirent les regards. Ces vestiges rappellent une scène de l'Écriture que la Tradition a localisée à cet endroit.

C'était au lendemain de la Pentecôte. Le diacre Philippe, racontent les Actes dans ce langage simple, expressif, dont seule la vérité sait se parer et auquel je laisse sa saveur, descendait le chemin qui va de Jérusalem à Gaza et qui est celui du désert. Il rencontra un Éthiopien, un eunuque, un ministre de Candace, reine d'Éthiopie, et surintendant de tous ses trésors, venu à Jérusalem pour adorer. Il s'en retournait assis sur son char et lisait le prophète Isaïe. Il s'approche du voyageur, un dialogue s'engage, Philippe lui dit : « Comprends-tu ce que tu lis ? » Il répondit : « Comment le pourrais-je si quelqu'un ne me guide ? » et il invita Philippe à monter et à s'asseoir avec lui. Le passage de l'Écriture qu'il lisait était celui-ci : « Il a été mené comme une brebis à la boucherie et comme un agneau muet devant celui qui le tond ; il n'a point ouvert la bouche. Lorsqu'il s'est abaissé, son jugement a été consommé. Et ceux de sa génération qui les dépeindra ? car sa vie a été retranchée de la terre. » (*Isaïe*, 53, 7.)

L'Eunuque dit à Philippe : « Je te prie, de qui le prophète parle-t-il ainsi? Est-ce de lui-même ou de quelqu'autre? » Alors Philippe ouvrant la bouche et commençant par ce passage lui annonça Jésus. Comme ils poursuivaient leur chemin, ils rencontrèrent de l'eau. Et l'Eunuque dit : « Voici de l'eau, qu'est-ce qui empêche que je sois baptisé? » Philippe dit : « Si tu crois de tout ton cœur, cela est possible. » L'Eunuque répondit : « Je crois que Jésus-Christ est le fils de Dieu. » Il fit arrêter le char. Philippe et l'Eunuque descendirent tous deux dans l'eau et Philippe baptisa l'Eunuque. Puis Philippe disparut de son côté et l'Eunuque joyeux continua sa route. Il était animé maintenant d'un ardent désir de convertir ses compatriotes à sa nouvelle religion et avait hâte de retrouver les siens au pays de la reine Candace.

Mais qu'est-ce au juste que ce pays? Existe-t-il réellement ou fait-il partie du domaine de la légende? Peut-être n'est-il qu'une de ces régions merveilleuses imaginées par les poètes et telles qu'on en trouve dans les contes des

Mille et une nuits. Et Candace ne doit-on pas la mettre au nombre de ces souveraines qui font tant de si merveilleuses choses dans ces fables qui enchantaient notre jeunesse et exaltaient notre imagination. Pourtant non : ce pays existe effectivement et Candace l'a bien gouverné pendant de nombreuses années. Je m'en suis convaincu par moi-même en suivant les traces du trésorier éthiopien et en m'y rendant à sa suite.

Il allait vers Gaza, l'ancienne capitale des Philistins, et il lui fallait cheminer à travers ce désert qui semble s'aplanir de plus en plus à mesure que l'on approche de cette Mer Rouge, si justement nommée par les peuples qui habitent sur ses rivages. Rouge, en effet, elle apparaît, quand le soleil, se couchant derrière les montagnes de la chaîne arabique, colore de ses rayons merveilleux ses eaux d'un calme parfois si majestueux ; rouge encore, en raison des bancs de coraux qui, sur des étendues considérables, forment un lit à ses flots transparents. De là, il avait dû gagner l'antique Clysma et s'embarquer sur l'un de ces frêles esquifs qui, après avoir fendu les vagues de la mer, abordaient en un point quelconque du littoral de l'Éthiopie. Peut-être avait-il préféré suivre l'une de ces longues files de chameaux qui, des bords fertiles de la Méditerranée, s'en vont jusqu'au centre de l'Afrique. Ou bien s'était-il rendu directement vers le Nil, et se confiant à une sorte de galère, il avait remonté jusqu'à sa patrie ce fleuve au cours si tranquille. Mais par voie de mer, par voie fluviale ou par voie de terre, son voyage avait dû être de toute façon long, fatigant, pénible, exposé qu'il était aux colères de l'onde, parfois si terribles et à ces brusques sautes de vent si redoutées des marins; ou, dans une de ces embarcations à la grande voilure, telles qu'elles existent encore de nos jours, en lutte avec les courants contraires et les mille dangers que présente un fleuve aussi considérable ; enfin, aux ardeurs d'un soleil tropical et aux tempêtes de sable dont ceux-là seuls qui ont traversé eux-mêmes la solitude des déserts peuvent avoir une idée.

Pour moi moderne, trop ami du confort et recherchant mes aises, c'est prosaïquement dans un paquebot puis en chemin de fer que je me décide à le suivre. Ah! que les temps sont changés! La force et la régularité du

cheval-vapeur se sont substituées aux caprices
d'Éole et à la lenteur de celui que l'on a avec
tant d'exactitude surnommé la « nef du désert ».
Le pittoresque y a perdu et c'est dommage, si
l'on se place uniquement au point de vue
artistique, de voir ainsi disparaître cette phy-
sionomie si caractéristique de ces régions.
Mais pratiquement dans quelles proportions la
rapidité du voyage n'a-t-elle pas augmenté !
Dans notre siècle de fièvre où la devise est
toujours « *velox, velocior, velocissimus* », « vite,
plus vite, toujours plus vite » ou « le maximum
d'espace dans le minimum de temps », ces chan-
gements n'ont rien qui puissent surprendre.
Transportés aujourd'hui en une journée des
bords de la Mer Rouge ou de Halfa à Khartoum, et du Caire en moins de cinq jours, les
voyageurs ne peuvent faire un grand nombre
d'observations intéressantes dans cette course
rapide. A peine a-t-on le temps de voir quelques
indigènes aux stations où l'on s'arrête et le
paysage fuit vraiment trop vite sous les yeux !
Il est impossible de se faire une idée exacte
du pays quand on le traverse aussi rapidement.

Comme tout le monde naturellement, moi
européen, j'ai pris la voie rapide et ai débarqué

Port-Soudan. — Une rue

à Port-Soudan. Ce n'est pour l'instant qu'une simple bourgade comptant seulement quatre années d'existence. Quelques bâtiments en pierre, siège des administrations, et beaucoup de cabanes et huttes en planches, séjour des habitants européens ou indigènes, s'élèvent dans des rues très larges et droites. Dans des habitations, construites sur pilotis et parfois assez espacées les unes des autres, les habitants se réfugient pendant les heures chaudes de la journée, car le soleil darde ses rayons brûlants que n'arrête aucun ombrage. Le port, très grand et bien abrité, s'enfonce assez loin dans les terres, et sa grande profondeur permet aux plus grands navires d'y venir à quai. La ville de Souakin, au contraire, qui se trouve à une courte distance au sud, n'a qu'un faible fonds d'eau dans son port; aussi les bateaux de commerce de quelque importance ne peuvent-ils s'approcher. Cité très ancienne et d'une population arabe nombreuse, augmentée par les tribus de « Hadendaouis » dont les cabanes faites de branchages donnent à la ville un aspect des plus curieux, elle était jusqu'en ces dernières années l'unique endroit où l'on débarquait au Soudan. Chef-lieu d'une province de

SOUAKIN. — GORDON GATE

la Mer Rouge, Souakin a joué pendant les guerres du Madhi un rôle important. Tout autour de ses murs, les troupes égyptiennes livrèrent aux derviches de nombreux combats et elle fut assiégée par un des lieutenants du Madhi, le chef de l'armée de l'Est, Osman Digna. C'était jadis un marché d'échange très important pour les produits du Soudan et des régions de l'Arabie, mais, de nos jours, Port-Soudan est destiné à la remplacer petit à petit.

Le chemin de fer part aujourd'hui de l'une et de l'autre de ces deux localités. Je m'installe à Port-Soudan dans un confortable wagon et le « train de luxe » qui m'emmène part à une heure avancée de l'après-midi. Le paysage qui se déroule sous mes yeux rappelle un peu celui des côtes d'Italie avec leurs aridités et leurs montagnes dénudées : c'est la chaîne arabique qui borde la mer Rouge et ses assises sont fixées d'une manière très curieuse que l'on ne trouve guère que là et en Basse-Nubie. Contrairement à ce que nous voyons d'ordinaire, ces montagnes ne s'élèvent pas graduellement et par étages successifs ; elles se dressent presque perpendiculairement sur la plaine qu'elles surplombent. On les dirait posées après coup sur la terre un peu — que l'on me permette cette comparaison — comme ces pièces montées qui figurent sur nos tables. Une question à ce sujet pourrait peut-être se poser : cette disposition n'a-t-elle pas fait naître dans l'esprit des tribus primitives descendant du sud pour s'établir jusqu'à Memphis avec les Shésou Hor, l'idée de ces pyramides que les Chéops et Mychérinos firent construire non loin du Nil en Égypte et les Candaces au Soudan.

Nous entrons ensuite dans la plaine immense et désertique. Aussi loin que l'on porte les yeux, aucun arbre n'apparaît : c'est partout et toujours l'aridité et la monotonie. L'eau pourtant est loin de faire entièrement défaut et les innombrables touffes d'herbes qui poussent à l'état sauvage sont là pour prouver que cette terre, avec les aménagements nécessaire, spourrait être utilisée pour l'agriculture. Ce n'est pas le désert qui s'étend à perte de vue vers l'intérieur, mais la grande savane.

De bon matin, nous arrivons à Atbara, station importante située sur la rivière du même nom. C'est le point de bifurcation de la ligne de la Mer Rouge et de celle de Ouadi-Halfa à

Khartoum. Quelle population mélangée se presse sous nos yeux à la gare ! Tous les types africains me semblent s'y être donné rendez-vous : d'abord les Égyptiens de race arabe, copte ou nubienne — ces derniers très différents des autres, non seulement par la couleur de leur peau plus foncée, mais encore par les traits bien caractéristiques de leur type ethnographique — puis des nègres originaires du Nil blanc.

Voici en outre des Syriens et quelques Anglais employés ou simplement de passage. Les indigènes se coudoient, s'agitent et admirent le « babour » dans lequel nous nous trouvons et qui s'arrête là pendant plus d'une heure. Des officiers ou fonctionnaires montés sur de petits ânes, circulent sous nos yeux : il fait trop chaud pour aller à pied et marcher dans le sable devient une souffrance ! Dans ce pays tel est d'ailleurs le mode général de locomotion et c'est un spectacle curieux que celui de ces gentlemen anglais en smoking et tirés à quatre épingles, chevauchant sur un maître Aliboron pour se rendre à quelque réception mondaine. Et pourtant Dieu sait comme on y est mal installé ! Les selles — si l'on peut donner ce nom à une sorte de bât fabriqué dans le pays — sont constituées par deux montants en bois réunis très sommairement par une planche posée sur le dos de votre monture. Les étriers font défaut naturellement de sorte que, encadré dans cet étau, on garde une position très incommodé et fatigante. Le confort manque si totalement quand on reste pendant un certain temps en cet appareil que d'aucuns n'hésitent pas à faire venir d'Europe à grands frais des selles lisses.

Enfin notre train quitte Atbara et s'élance à toute vapeur à travers la savane. Je regarde en passant la région très monotone que nous traversons et dans laquelle il y a fort peu de villages indigènes. Après plusieurs heures de trajet, nous arrivons à Shendi. Ville importante et qui fut autrefois la capitale du royaume des « Foundjis », c'est un marché encore actuellement assez considérable et une garnison des troupes égyptiennes. Nous sommes dans la patrie de la reine Candace, et Méroé, son ancienne capitale, se trouvait aux environs.

Beaucoup moins peuplé assurément qu'il y a un demi-siècle à peine — les guerres, les famines, les maladies, la traite des esclaves, les châtiments de toute sorte et les différentes calamités qui ont assailli les habitants pendant le règne du Mahdi et de son successeur le Khalife ont réduit leur nombre des trois quarts — ce pays est dans son ensemble assez improductif. La terre en elle-même est fertile, mais ce sont les bras pour la cultiver qui manquent le plus ! Certes le désert, le désert de sable dont la stérilité ne manque pas d'une certaine grandeur, occupe en Haute-Nubie des espaces considérables, mais on remarque de la végétation et de la vie de chaque côté du Nil, sur une bande de terre formée par les alluvions du fleuve où le « sébach » se trouve en quantité suffisante pour la culture.

Depuis le confluent du Nil blanc et du Nil bleu, en aval de Khartoum, jusqu'à la quatrième cataracte, on rencontre un peu partout des arbustes épineux poussant à l'état sauvage. La région des sables a cessé : la savane la remplace. Le mimosa voisine avec l' « asclépia gigantea », les balamites, les palmiers doums et les dattiers. Tous ces arbustes sont fort peu utiles ; ils servent à peu près uniquement de combustible aux indigènes et de nourriture aux chameaux et aux chèvres qui brou-

Omdurman. — Le Tombeau du Mahdi

tent leurs feuilles. Dans ce pays, où les pluies sont trop rares, le sol n'est pas suffisamment arrosé. Jadis l'Égypte s'appelait la terre de l'entrecroisement des canaux « to mera ». Pourquoi le Soudan actuel ne serait-il pas lui aussi une nouvelle « to mera » ? Les Anciens y ont déjà songé bien longtemps avant nous : au xvi° siècle de notre ère, un négus d'Abyssinie, en guerre avec les habitants du Bas-Nil, voulut faire creuser un canal de Berber à Souakin pour détourner les eaux du fleuve. Cette idée sera-t-elle un jour réalisée ?

D'ailleurs le pays de la reine Candace eut son heure de prospérité, et dès le début de l'histoire attira l'attention et les convoitises des pharaons d'Égypte. C'était à cette époque la terre divine « Nouter-To » ou bien la Région de l'or « Noub », ce qui a donné naissance au nom de « Nubie ». Sous les premières dynasties, on tente de soumettre cette patrie des délices par excellence. Les rois y lèvent des impôts et en retirent des bois de construction. Mais ce n'est guère que sous la xii° dynastie qu'elle devient colonie officielle. Dès lors on la désigne sur les monuments sous le nom de « Kaoushou » ou « Koush ».

Mais un moment de grand développement
devait arriver, où non seulement ce pays serait
indépendant, mais de conquis allait devenir
conquérant. Après toutes sortes de vicissitudes,
il semble qu'il eut, durant la période de l'inva-
sion des Hyksos, une quasi indépendance
d'ailleurs de courte durée, puisque Ahmès Ier,
fondateur de la xviiie dynastie, le soumit de
nouveau à son autorité. La civilisation pharaonique pénétra jusqu'à Sennar ; les coutumes
et la langue devinrent les mêmes pour l'Égypte
et Koush, et partout des monuments s'élevè-
rent. Mais bientôt des révoltes se produisirent.
Ramsès II réussit à les vaincre, et, en souvenir
de ses luttes, construisit le fameux temple
d'Ipsamboul. Après la dynastie des Rames-
sides, l'autorité pharaonique diminuant, les
liens avec la métropole se relâchèrent. Peu à
peu cette contrée finit par former un royaume
tout à fait indépendant. La capitale, appelée
Napata, se transforma en une grande cité qui
prit une extension considérable. L'on a cal-
culé de nos jours qu'elle s'étendait sur une
surface de près de douze kilomètres. Ses habitants construisirent de nombreux temples, dont
les fondations sont encore visibles près de la

ville actuelle de Merowi, dans la province de Dongola. Au pied du Gebel Barkal, le roi Piankhi éleva un grand temple, dont les restes dispersés et en ruines sont répandus dans la plaine.

Le spéos que fit creuser à son tour Tiharka présente encore aujourd'hui des salles assez bien conservées. Enfin, des pyramides sorties de terre dans toute la région avoisinante, celles du Gebel Barkal, de Nouri et de Tangassi forment des groupes importants.

Vers l'an 6oo avant Jésus-Christ, une bourgade infime, Saba, appelée plus tard Méroé — nom de la sœur de Cambyse qui le lui aurait donné, selon Josèphe, après son expédition dans ces lieux — prit une extension considérable et supplanta Napata comme centre politique et religieux du royaume. Ce fut dans cette capitale que régnèrent les Candace et plusieurs autres reines de l'Éthiopie. Tous ces souvenirs et monuments dorment aujourd'hui du plus profond sommeil. Quelques ruines sur l'emplacement de ce qui fut autrefois une grande ville, voilà tout ce qui reste de plusieurs siècles de gloire ! *Vanitas vanitatum et omnia vanitas,* comme cette phrase de l'Écri-

Méroé. — Les Pyramides prises du Sud

ture se trouve justement vérifiée par ce qui
subsiste de celle qui fut une métropole il y a
quelques siècles à peine : des briques crues
assises les unes sur les autres pour former des
murs, des morceaux de poteries répandues à
terre, telle apparaît de nos jours au passant
l'antique ville de Méroé! Le souvenir de sa
grandeur passée est totalement perdu ; c'est
l'oubli partout et les habitants de Bedjéraouié
et des villages environnants ignorent jusqu'à
son nom. Des pyramides cependant que l'on
aperçoit de l'horizon prouvent encore combien
ce royaume fut industrieux.

Attiré tout autant par la curiosité de les
voir de près que par le plaisir de parcourir le
désert, je m'y suis rendu de la petite station
de Kabouchir. Tout naturellement j'ai, pour
ce faire, pris le mode de locomotion en usage
chez les indigènes, le chameau. Certes on est
moins confortablement installé sur le dos de
ces grands quadrupèdes quand ils trottent ou
même lorsqu'ils marchent, que dans ces con-
fortables sleepings dans lesquels on franchit
maintenant les immenses plaines du Soudan!
On prétend qu'on a l'impression du mal de
mer et que le mouvement imprimé ressemble

au tangage. Il y a peut-être bien un peu de
cela, mais on s'y habitue bien vite, et après, les
voyages même longs en cet appareil sont peu
fatigants. La contrée plate est bornée à l'horizon par plusieurs groupes de montagnes. Elle
est assez monotone. Nous passons d'abord au
milieu d'arbustes épineux, puis sur le sable, à
travers monticules, terrains plats et en pente ;
le paysage qui, à première vue, paraît uni-
forme, ne manque pas pour l'observateur de
variété dans les détails. Une faune nombreuse
s'abrite dans une flore simple et pauvre : les
oiseaux grands ou petits et les animaux
d'espèces diverses, qu'en passant l'on croise
un peu partout, attirent le regard. Ce sont des
perdrix au plumage jaunâtre, des « hobbara »
ressemblant à des autruches de petite taille ou
encore des grues posées sur un tertre. Nous
les faisons lever à notre approche, de même
que de légères gazelles et des lièvres tout aussi
craintifs. Des aigles tournoient dans l'air pour
fondre sur leurs proies. Derrière une petite
futaie, des faucons sont occupés à dévorer des
entrailles de chèvres ou de baudets morts et
abandonnés. Enfin, plusieurs troupeaux de
bœufs allant tous les uns derrière les autres

en suivant des sortes de pistes toutes tracées
dans le sable passent près de nous quand nous
arrivons aux pyramides.

Celles-ci forment trois groupes bien dis-
tincts : l'un dans la plaine, l'autre dans la
montagne, le troisième enfin entre les deux.
Peu élevées généralement — quarante mètres
au maximum — elles sont construites toutes
sur un même type. Une chapelle sur la face
Est s'adosse à chacune d'elles et leurs murs
sont couverts d'inscriptions ou de sculptures.
C'était le lieu où le double venait recevoir les
offrandes de ses fidèles. Sur l'une de ces pyramides, au nord, une reine a laissé son nom, ses
titres et dignités. Nous la voyons s'intituler la
« souveraine des deux pays, Amen Arit,
maîtresse, productrice de toutes choses. »

A l'époque où le pays de Koush se sépara
complètement de l'Égypte, la langue des habitants se transforma peu à peu. On abandonna
la façon de parler des envahisseurs pour se
servir uniquement de l'idiome national. Sur
tous les monuments datant d'alors, nous le
voyons tracé en caractères appelés « démotique
éthiopien » ou « méroïtique » que, de nos
jours, les savants ne sont pas encore parvenus

à déchiffrer. Pendant le règne de Candace notamment on en fit usage. Hérodote, qui voyagea dans ces contrées, nous a peint en quelques traits rapides une ébauche de cette civilisation. Puis Diodore de Sicile, Strabon, Pline, Bion y ont ajouté quelques lignes. Par eux, nous savons qu'il y eut toute une dynastie de reines du nom de Candace. Deux nous sont plus particulièrement connues. La première, ayant vécu environ en l'an 23 avant Jésus-Christ, eut à défendre sa patrie contre les Romains. Pétronius, proconsul d'Égypte, vint l'attaquer chez elle et elle sut se défendre avec beaucoup de courage. Les Romains finirent par lui accorder la paix à des conditions honorables. L'autre, la seconde Candace, est celle dont le ministre fut rencontré par Philippe sur la route d'Hébron. Sous son règne, le christianisme fit son apparition en Éthiopie entre 60 et 68 ans après Jésus-Christ.

Le vieux culte éthiopien et égyptien s'est maintenu pourtant dans ce coin reculé du monde de longues années encore. Alors que le christianisme avait depuis longtemps triomphé sur les bords du Nil, des troupes de pèlerins s'avançaient du sud pour venir célébrer au temple de Philæ les mystères du culte d'Isis. Ce n'est, croit-on, qu'avec saint Frumence, venu des rives de la Méditerranée, que notre religion s'implanta complètement. Les temples furent abandonnés, dévastés quand ils ne servirent pas au nouveau culte, et ce n'est pas sans étonnement que, dans le sanctuaire d'un dieu égyptien, on admire de vieilles fresques peintes sur un mur couvert d'hiéroglyphes ; que l'on voit apparaître au fond d'une chapelle un grand saint Pierre assis sur son siège, les clefs du ciel d'une main, bénissant de l'autre, et accompagné des dieux Thoth et Horus, qui se tiennent de chaque côté de lui, car le revêtement qui les couvrait a disparu. Certes un véritable artiste ne peut que regretter ces mutilations et il taxera volontiers de barbares ceux qui, sans respect pour le passé, ont fait d'œuvres parfois grandioses, mais qui tout au moins représentaient une phase de l'histoire des conceptions humaines, un informe amas de pierres. Cependant il y avait là le triomphe d'un principe supérieur de civilisation morale et spirituelle sur un principe inférieur et matériel qui devait élever ces nègres à la dignité d'hommes. Quand, quelques siècles plus tard, l'an 20 de l'Hégire,

KHARTOUM. — UNE AVENUE

Amrou Ben El As et ses 20.000 soldats prirent Dongola, ce furent la barbarie et la ruine qui s'implantèrent dans la contrée. Et l'Islam avec ses mœurs dissolues ne sut voir dans ces régions qui s'enfoncent vers le centre du continent noir qu'un pays de razzias et de traite d'esclaves pour peupler ses harems et satisfaire ses plaisirs.

En tout cas, le christianisme vaincu végéta quelque temps encore sur les bords du Nil bleu, dans le royaume d'Aloa, jusque vers le XIIe siècle, et finit par disparaître. Aussi la décadence du pays de Koush ne fit-elle que s'accentuer. Le mahdisme n'a été que l'explosion du mécontentement provoqué par les exactions et les malversations du gouvernement des « Tourkis », comme les habitants du pays désignent aujourd'hui encore l'ancien régime de l'Égypte. Les péripéties et la marche en avant, comme un fleuve grossissant qui envahit la contrée brisant tout sur son passage, en sont trop connues pour qu'il soit besoin de les raconter encore. La chute successive de chacune des provinces depuis les frontières du Kordofan et du Darfour jusqu'aux portes de l'Égypte, la prise de Khartoum et l'héroïsme de Gordon, la longue captivité de Slatin, tout le pays mis à feu et à sang, le pillage régnant en maître ne sont plus aujourd'hui qu'un mauvais rêve passé. La croix est venue de nouveau dans ce pays apportant avec elle la fécondité et la joie. Peu à peu la vie renaît et la population augmente sensiblement depuis que le cimeterre du sauvage Mahdi a cessé de les décimer. Des soldats égyptiens attirés par les avantages offerts à tout immigrant affluent. Les indigènes assurés du lendemain n'ont plus crainte de procréer et leurs enfants, protégés par d'intelligentes lois sanitaires, grandissent promettant pour des jours qui sont proches, une population nombreuse et saine. L'agriculture, le commerce enfin prospèrent. Le Soudan est mis en communication directe avec le reste du monde par des lignes de paquebots. Omdurman, Khartoum sortent de leurs ruines. C'est la tranquillité dans le travail et l'aisance à l'ombre de la croix triomphant du croissant abhorré.

Et maintenant quand, du fond de l'Amenti, Candace jette un regard sur son royaume terrestre, son étonnement doit être sans bornes. Et sa reconnaissance aussi, car les morts aiment encore ce qui leur fut pendant la vie objet de dilection. Si son cœur se serra jadis devant les inutiles et barbares cruautés de l'Islam en délire, aujourd'hui il se dilate dans la joie de voir enfin son peuple heureux. Et se tournant vers les divins personnages de la Daït, elle prie, les mains levées en adoration, pour qu'un messager soit envoyé sur la terre d'Éthiopie, apportant au Sirdar, successeur de toutes les Candace, sur un marbre précieux et tracé en lettres flamboyantes, le cartouche royal devant lequel sept fois et sept fois les hommes se prosternent.

Paris. — J. Mersch, imp., 4 bis, Av. de Châtillon.